AS DEZ LEIS DA REALIZAÇÃO

Ian Mecler

AS DEZ LEIS DA REALIZAÇÃO

1ª edição

EDIÇÕES
BestBolso   pegue & leve

RIO DE JANEIRO – 2013

CIP-BRASIL. CATALOGAÇÃO NA FONTE
SINDICATO NACIONAL DOS EDITORES DE LIVROS, RJ

M435d
Mecler, Ian, 1967-
 As dez leis da realização: um chamado para a vida /
Ian Mecler. – 1ª edição – Rio de Janeiro, 2013.
10 × 15 cm (Pegue & Leve)

ISBN 978-85-8103-030-2

1. Autorrealização (Psicologia). 2. Sucesso. I. Título. II. Série.

12-9061
CDD: 158.1
CDU: 159.947

As dez leis da realização, de autoria de Ian Mecler.
Primeira edição Pegue & Leve impressa em janeiro de 2013.

Copyright © 2009, 2012 by Ian Mecler.

A coleção Pegue & Leve é uma parceria entre Livraria Saraiva e Grupo Editorial Record.

Comitê do projeto: Daniel Louzada, Frederico Indiani, Roberta Machado e Silvia Leitão.

Design de capa: Adaptação de Carolina Vaz da capa anteriormente publicada pela Editora Record (Miriam Lerner, Rio de Janeiro, 2009).

Adaptação do projeto de miolo e diagramação: Equipe interna do Grupo Editorial Record. Projeto original: Miriam Lerner, Rio de Janeiro, 2009.

Equipe editorial BestBolso: Cristhiane Ruiz, Suelen Lopes e Flora Pinheiro.

Todos os direitos reservados. Proibida a reprodução, no todo ou em parte, sem autorização prévia por escrito da editora, sejam quais forem os meios empregados.

Direitos exclusivos de publicação em língua portuguesa para o Brasil em formato bolso adquiridos pela Editora Best Seller Ltda. Rua Argentina 171 – 20921-380 – Rio de Janeiro, RJ – Tel.: 2585-2000.

Impresso no Brasil

ISBN 978-85-8103-030-2

Tudo o que você precisa

A Saraiva e a editora BestBolso criaram uma coleção para todos os seus momentos. Prática, útil e divertida, Pegue & Leve combina motivação, espiritualidade e informações fundamentais para a sua carreira e dia a dia. Escritos por especialistas, seus livros contam com textos integrais que vão da autoajuda à psicologia, do estilo aos negócios, do humor à educação.

Inspire-se, renove-se e cresça com Pegue & Leve. Qualidade de vida que cabe no seu bolso.

Tudo o que você precisa. Pegue & Leve Saraiva.

*Dedico este livro a você,
que é único e insubstituível.
Entre bilhões de seres humanos,
nunca houve e nunca haverá
outro igual a você.*

SUMÁRIO

APRESENTAÇÃO	10
O COMPARTILHAR	13
A ARCA	25
O OBSTÁCULO	37
O ESPELHO	49
A VISÃO	61
A ATRAÇÃO	73
A SEMENTE	85
O ESSENCIAL	97
A DETERMINAÇÃO	109
A ENTREGA	121
CONSIDERAÇÕES FINAIS	132
ORAÇÃO DA REALIZAÇÃO	134

APRESENTAÇÃO

Este livro vai lhe apresentar princípios essenciais para que você possa transformar a sua existência em uma jornada única e especial. São ensinamentos impactantes, mas que, curiosamente, falam sobre coisas simples. Princípios básicos para que você nunca se esqueça da bênção que é a oportunidade da existência, e para que possa descobrir a verdadeira REALIZAÇÃO. Mas estaria essa dimensão realmente ao nosso alcance?

É essa resposta que você encontrará neste livro. Vamos percorrer o caminho trilhado por alguns dos maiores mestres da humanidade, que, como poucos, alcançaram a dimensão de uma vida significativa. É fato que não existe uma fórmula da vida, mas uma coisa eu posso lhe garantir: as leis da realização aqui apresentadas são leis universais e, uma vez postas em prática, trarão grandes bênçãos para a sua vida.

Ian Mecler

O COMPARTILHAR

*Você recebe na mesma
medida que doa.*

Em busca da plenitude

Se existe algo que nos move e nos mantém vivos, esse algo é o Desejo. Há desejos de todos os tipos: materiais, espirituais, de alegria e muitos outros, mas existe algo em comum entre todos eles: a busca da plenitude. Você consegue se lembrar, agora, de momentos em que encontrou tamanha satisfação em sua vida?

Falamos de experiências de felicidade e paz profundas, que, uma vez vivenciadas, jamais serão esquecidas. Diferentemente do puro prazer, que por maior que seja é temporário, e muitas vezes vem seguido de frustração, a plenitude nos recarrega e nos move em direção à Luz.

As duas faces do desejo

Quanto maior o desejo pela vida, maior a aproximação dessa Luz original, que move todo o universo. Fôssemos tomados apenas pelos desejos positivos, estaríamos cada vez mais iluminados. Mas possuímos também as inclinações que nos empurram para baixo. Nesse cabo de guerra, que ora nos leva para baixo, ora para cima, muita energia se perde.

O fato é que o desejo de receber muito da vida está sempre presente em nós, e não há nada de errado nisso. A grande questão é o que fazemos com ele. As opções são basicamente duas:

Receber só para si mesmo
Receber para compartilhar

Há uma diferença fundamental entre esses dois tipos de desejo, uma vez que um é motivado pelo egoísmo e nos faz querer mais apenas para acumular, enquanto o outro é motivado pelo compartilhar e por isso nos aproxima de nosso semelhante.

O copo de água

Os orientais conhecem bem essa necessidade de equilíbrio entre o receber e o compartilhar, e se utilizam do exemplo do copo de água para explicar que quando você recebe muito e compartilha pouco, acaba, como um copo, transbordando e não recebendo mais nada. Esse é o movimento básico do universo: contração e expansão, inspiração e expiração.

Por isso, a PRIMEIRA LEI da realização se chama COMPARTILHAR. Nela está a solução para todos os seus problemas. Porque sempre que você abre mão do egoísmo e resolve levar algo ao outro, abre-se um importante espaço para que a Luz possa penetrar em sua vida.

A prática do Compartilhar

Insira uma rotina de compartilhar em sua vida. Pode ser por meio de ações simples, porém significativas. Por exemplo, ajudando um parente, um amigo, mesmo um desconhecido. Um simples telefonema de "como você está?" ou um abraço afetuoso já fazem grande diferença na vida das pessoas.

A ARCA

*Quando a tempestade passa e o
sol volta a brilhar.*

Diferentes "eus"

Por que, mesmo conhecendo a direção do que nos faz bem, por vezes escolhemos o caminho contrário à nossa felicidade? Um grande mestre espiritual, que viveu 2000 anos atrás, trouxe a resposta para essa tão difícil pergunta.

O mestre explicava que todo ser humano está sujeito a um "eu" destrutivo, um inimigo interno que cresce diante das naturais turbulências da vida. Uma parte nossa que nos aconselha na direção contrária à do nosso bem. Então, à noite você diz: "Amanhã começo uma dieta." Mas pela manhã o discurso já é outro: "Estou muito estressado ultimamente, mas quando tudo acalmar, começo a minha dieta." E até acalmar...

O dilúvio

Ele era um mestre das interpretações da Bíblia e se utilizava da passagem de Noé para explicar que a descrição de um dilúvio capaz de destruir o mundo é também um grande código, que fala de um movimento que acontece dentro de cada um de nós, quando nos deixamos dominar pela instabilidade dos mares revoltos.

É fato que as pessoas costumam ser fortes e determinadas quando as águas da emoção estão tranquilas, mas a maioria se afunda por completo quando diante de ondas, de perda e de frustração. Nesses momentos, o melhor a fazer é, a exemplo de Noé, construir uma arca e esperar o dilúvio passar.

A Arca

A construção da arca vem com a possibilidade de silenciar e aprender a esperar. Afinal, você pode imaginar que rumo poderia tomar quando imerso na escuridão da noite? Existem momentos em que precisamos parar para recarregar as baterias da alma e esperar o dia clarear novamente, trazendo junto com ele um novo horizonte.

E então, quando novamente guiado por sua emoção saudável e construtiva, você saberá que é hora de deixar a arca e prosseguir, revitalizado, em sua estrada de realização pessoal. Ao conhecer a SEGUNDA LEI da realização, desenvolvemos a virtude da paciência, lembrando que às vezes demora mais, às vezes menos, mas a chuva sempre passa e o sol volta a brilhar.

A prática da Arca

Sempre que se sentir reativo diante de um evento, busque o seu centro, respire profundamente pelo menos dez vezes e faça, com fervor, uma oração para que a mesma Luz que o criou ajude a eliminar toda a negatividade de sua vida.

O OBSTÁCULO

*Quanto maior o obstáculo, maior
a Luz revelada.*

Transpondo os maiores obstáculos

Tomados exclusivamente pela visão superficial, muitos de nossos problemas parecem mesmo ser insuperáveis: impasses profissionais, financeiros, afetivos, de relacionamento, de saúde... Imersos nos acontecimentos, somos tomados por uma visão turva da realidade, passando a julgar os eventos como bons ou ruins.

Mas será que temos realmente essa consciência? Afinal, quantas coisas aparentemente ruins já aconteceram em sua vida e, mais adiante, ao olhar para trás você descobriu que foi justamente por força dessas circunstâncias e acontecimentos que você se tornou muito mais forte e feliz?

Maldição ou bênção?

O escritor Paulo Coelho conta que aos 30 anos, no momento em que chegava ao topo de sua carreira como executivo da indústria de discos, recebeu um convite para ir aos Estados Unidos se encontrar com os donos da multinacional para a qual trabalhava na época. Diretor artístico de uma gravadora renomada, ele estava prestes a receber uma grande promoção, o que lhe traria um futuro promissor na empresa.

No dia seguinte, ele acordou com um telefonema do presidente da empresa, comunicando, sem maiores explicações, sua demissão sumária. Durante dois anos procurou emprego na área, mas as portas nunca mais se abriram. Foi então que Paulo Coelho começou a desenvolver o que era apenas um sonho até aquele momento de sua vida. Afinal, como alguém poderia viver de literatura no Brasil? Mas as portas de seu sonho foram se abrindo, uma a uma, e hoje ele é o escritor brasileiro mais lido em todo o mundo.

A Luz que se revela

Não fosse por aquele obstáculo, mal aparente à primeira vista, ele hoje poderia ser, como tantos outros, mais um exemplo de executivo bem-sucedido que deixou uma vocação para trás. Mas, ao buscar a superação e acreditar em seu sonho, o que parecia maldição se transformou em grande bênção.

Assim, a TERCEIRA LEI da realização explica que não seríamos nada sem os obstáculos que a vida nos apresenta, pois é exatamente por enfrentá-los e ultrapassá-los que nos fortalecemos e nos tornamos seres cada vez mais luminosos. O fato é que a cada batalha que vencemos nossas dificuldades recebemos muita luz, e quanto maior for o obstáculo, maior será a luz recebida.

A prática do Obstáculo

Procure, pelo menos um dia por semana, dizer NÃO para algo que você sabe que lhe faz mal. Para uns pode ser o cigarro, para outros, remédios, ou uma maneira de se alimentar. Seja o que for, as pessoas que superam seus vícios obtêm grandes transformações em suas vidas.

O ESPELHO

Enxergamos as coisas não como elas são, mas como nós somos.

O que está fora é o que está dentro

Uma pessoa se depara com uma situação e enxerga o caos. Já uma outra identifica o mesmo obstáculo como uma grande possibilidade de crescimento. Você sabe por que isso acontece? Porque elas enxergam apenas uma projeção delas mesmas em tudo o que veem.

Observe o quanto você age com mentira ou verdade com a sociedade, com os amigos, com a família e, principalmente, com você mesmo. Faça isso e você descobrirá que a forma com que age com o mundo, o mundo age com você.

O Espelho

Um personagem bíblico que aprendeu profundamente sobre o princípio do espelho foi Jacob. A história conta que, guiado pela mãe, ele enganou o irmão gêmeo para tomar a sucessão do patriarcado e, por isso, foi jurado de morte. É verdade que o plano era de sua mãe e que Jacob era, de fato, a pessoa mais apropriada para o cargo. Mas seria a mentira justificável em algum momento?

Jacob precisou se afastar e foi morar na cidade do tio, onde foi ludibriado e obrigado a trabalhar de graça por 14 anos. Ou seja, ele foi enganado pelo tio logo após ter enganado o próprio irmão. Eis uma lição sobre o quanto o mundo apenas responde à forma pela qual nos expressamos com ele.

A transformação

Jacob passou 20 anos afastado. Trabalhou muito, aprimorou-se como ser humano, formou uma nova família e então retornou à sua cidade natal, ainda que com medo do reencontro com o irmão. O retorno poderia lhe custar a vida e, por isso, durante uma noite inteira ele se exilou no deserto, para um confronto consigo mesmo.

Ao experimentar um novo olhar para dentro, Jacob descobriu que os aspectos negativos que atribuía ao irmão estavam, na verdade, dentro dele mesmo. É assim que acontece quando nos transformamos e nos tornamos mais positivos: passamos a atrair a parte positiva, o melhor de cada pessoa. E então, ao colocar em prática a QUARTA LEI da realização, descobrimos que o mundo que enxergamos é apenas um reflexo do que temos dentro de nós mesmos.

A prática do Espelho

Experimente, quando for julgar ou criticar alguém, fazer o mesmo com você. Por exemplo: Ao dizer "ele é arrogante", logo em seguida diga "eu sou arrogante". Já "ele é brilhante" se transformará em "eu sou brilhante". Essa prática ajuda muito a reduzir os julgamentos.

A VISÃO

*Você está onde estão
os seus pensamentos.*

Aprendendo a transpor limites

Todos os seres humanos estão em busca da Luz. Ricos e pobres, famosos e anônimos, idosos e jovens: todos buscam essa Luz que alimenta permanentemente corpo e alma. Mas por que muitos não conseguem atingi-la? Será que Deus olha mais para uma pessoa e menos para outra?

Não é nada disso. Na verdade, todos os problemas que assolam a humanidade, tais como falta de saúde, rompimentos de relacionamentos, insegurança material e emocional, estão relacionados a uma única causa: desconexão da Luz.

Removendo as cortinas

Em 1996, um ciclista norte-americano chamado Lance Armstrong teve diagnosticado um câncer e, segundo os médicos, não havia possibilidades reais de cura. O ciclista não aceitou o veredicto e lutou contra a doença, se utilizando de todos os meios possíveis: físicos, psicológicos e espirituais. Foi com grande luta que ele extraiu um tumor do cérebro e obteve a improvável cura.

Como se não bastasse, Armstrong voltou a treinar para os torneios e logo estava em grande forma. Apontado por muitos como "um milagre da medicina", o ciclista hoje ainda passa por exames semestrais para mostrar ao mundo que o câncer não voltou. Se Armstrong tivesse focado no negativo, ou se tivesse aceitado que os limites que lhe eram dados eram intransponíveis, certamente não teria se curado. No entanto, ele rompeu a barreira da crença aparente e acabou por revelar um grande tesouro por trás daquele desafio.

Um grande segredo

A maioria de nós não utiliza nem 10 por cento da sua total capacidade mental. Assim, quando tomado de uma visão estreita, você é levado a acreditar que os seus problemas são os maiores do mundo, impossíveis de serem resolvidos. Tal crença é fruto de uma espessa viseira, que encobre 90 por cento de sua visão, levando-o a acreditar que aquilo que enxerga seja tudo o que existe.

Mas a QUINTA LEI da realização afirma que nosso estado de espírito é direcionado não pelos fatos externos, mas sim por onde colocamos o foco de nossa atenção. O segredo está em, quando algo o perturbar, você experimentar tirar o foco disso e colocar a sua atenção em algo luminoso. Por exemplo, se você está muito preocupado com um problema de trabalho, que tal desviar o foco de sua atenção e aproveitar a companhia de alguém que você ama e que está ao seu lado nesse exato momento?

A prática da Visão

Quando ampliamos a visão, descobrimos que tudo aquilo que passa pelo nosso caminho tem um sentido, nos ajuda a crescer. Mais ainda, que todos os seres humanos estão sujeitos a movimentos de falência. Experimente perdoar uma pessoa com a qual você tenha problemas, mesmo que você acredite que ela seja a responsável pelo impasse, e estará ingressando no mundo dos 100 por cento.

A ATRAÇÃO

Quando você descobre que pode trocar a velha antena defeituosa por uma nova antena parabólica.

A Força da Atração

Tudo que precisamos nesta vida já foi, e continua sendo, emanado pela força criadora do universo. Alegria, prosperidade, sucesso profissional, amor, saúde, assim como tristeza, pobreza, fracasso e solidão. A questão crucial é o que atraímos para nós.

Os exemplos dessa sintonia de atração são abundantes. Você já reparou que algumas pessoas são extremamente bem-sucedidas em tudo o que fazem, enquanto outras estão sempre com dificuldades de terem o seu talento reconhecido? Seria apenas coincidência? Não parece, pois é visível o quanto cada ser carrega um magnetismo próprio, uma poderosa força de atração.

Quando o sonho torna-se real

"Talento só não basta." Essa foi a declaração do nadador Michael Phelps logo após conquistar oito medalhas de ouro nas Olimpíadas de Pequim, consagrando-se o maior atleta olímpico de todos os tempos. Phelps explica que não foi devido ao seu talento ou sorte que ele atingiu um patamar tão alto em seu desenvolvimento no esporte, mas principalmente por fazer escolhas que fortalecessem o seu propósito, todos os dias de sua vida.

Quem o acompanhou sabe. Ele treinava cinco horas por dia, todos os dias, no ano que antecedeu os jogos olímpicos. Não havia exceção para feriados nem para comemorações festivas. Com o pensamento focado em seu objetivo maior, ele soube fazer as escolhas necessárias para transformar sonho em realidade.

A escolha

Mais gratificante do que uma medalha de ouro é a possibilidade de nos tornarmos exímios atletas na caminhada da vida. E ao conhecer a SEXTA LEI da realização pessoal, você descobre que o foco de seu pensamento, como um ímã, atrai toda a realidade a sua volta. Ele é o centro de tudo, uma vez que você é constantemente atraído pelas escolhas projetadas na tela de sua mente.

Para sair do papel de refém do destino, você precisa aprender que escolhe muito mais do que é escolhido. E isso acontece a cada pequena decisão. Agora mesmo você tem uma grande escolha a fazer: passará o dia de hoje como apenas mais um em sua existência ou vai aproveitá-lo integralmente, como uma grande oportunidade?

A prática da Atração

Procure criar um novo magnetismo, uma nova qualidade de atração. Para isso, sempre que possível, procure esvaziar seus pensamentos, buscando uma respiração mais profunda e ritmada. Então coloque o seu foco naquilo que é construtivo.

A SEMENTE

*A liberdade começa quando
deixamos de ser o efeito para nos
transformarmos na causa.*

☙

A Lei do Retorno

Já faz milhares de anos que grandes mestres espirituais falam sobre uma lei do retorno, que explica que tudo o que fazemos, seja positivo ou negativo, volta para nós. Pode demorar um dia, um ano ou mil anos, mas este é um fenômeno físico: se você produz uma causa, ela se transformará em efeito.

A cada pequeno momento de nossa vida, estamos tanto plantando quanto colhendo resultados de sementes plantadas por nós mesmos. Podem ser sementes grandiosas, como um casamento ou um rumo profissional a seguir, mas também podem ser aquelas formadas pelas pequenas escolhas do dia a dia, aparentemente imperceptíveis, mas que surgem a cada palavra ou ação produzidas por nós.

A Semente da Palavra

Examine bem as pessoas a sua volta. Você descobrirá que aquelas que com frequência proferem palavras negativas estão sempre em um mundo de sofrimento e caos. Já as que procuram as palavras positivas, e enaltecem seus semelhantes, vivem em um mundo de harmonia e contentamento.

O fato é que a palavra, depois de proferida, se espalha pelo mundo e não retorna mais, como uma árvore que cresce a partir de suas raízes. Poucos são os que realmente sabem disso, mas experimente uma mudança na relação com o seu falar e com o seu ouvir e você se surpreenderá com uma transformação imediata e muito positiva para a sua vida.

A Semente da Ação

Leia com atenção as palavras listadas abaixo e procure o que há de comum entre elas:

- Atração
- Superação
- Determinação
- Meditação
- Transformação
- Realização

Observe que todas terminam com "ação". Ao chegar na SÉTIMA LEI, recebemos um poderoso ensinamento: para colher os frutos de uma vida de realização, é preciso sair do plano das ideias e começar a agir. E, de fato, ainda não foi inventada melhor forma de colher o bem do que plantar o bem.

A prática da Semente

Experimente, sempre que tiver vontade de falar mal de algo ou de alguém, simplesmente não o fazer. Palavras negativas criam sementes nada construtivas para a nossa vida.

O ESSENCIAL

*Livre-se das preocupações supérfluas
e concentre-se em buscar aquilo que lhe
é realmente essencial.*

Conquistar o quê?

Há algo de muito interessante na história de Alexandre, o Grande, conquistador macedônio que viveu no século III a.C. Quando já havia conquistado boa parte do mundo, Alexandre cruzou com Diógenes, um homem belíssimo e de rara simplicidade. Diógenes então lhe perguntou: "Por que você gasta tanta energia para conquistar o mundo se não conquistou nem ao menos você mesmo?"

Alexandre, desconcertado, respondeu: "Acho que você tem razão, mas no momento não posso parar. Quando tiver conquistado o mundo, vou fazer isso." Então Diógenes retrucou: "Não haverá tempo, quando você tiver conquistado o mundo, sua vida terá escapado."

Com as mãos vazias

Poderosas palavras que, embora tenham sido proferidas há 2.300 anos, se encaixam hoje perfeitamente na vida de milhões de pessoas. Então, quando está para morrer, Alexandre pede: "Por favor, no momento de meu funeral coloquem as minhas mãos para fora do caixão." Mas ninguém jamais havia sido velado dessa forma. Perguntam a ele qual o significado daquele pedido. E ele responde: "É para que todos vejam que eu morri de mãos vazias!"

Observe que essa não é a reflexão de um homem místico, mas de alguém que passou a vida em função das conquistas materiais. Para pessoas assim, o momento da transição vem com um desespero total. O arrependimento de ter dedicado a vida inteira para o não essencial.

O essencial e o não essencial

Alexandre viveu em função do não essencial. Uma parte do homem que jamais se sacia e que se alimenta da ilusão de fama, enriquecimento e outros tipos de poder que não levam a lugar algum. Uma busca hipnótica que faz o ser humano desperdiçar a vida em busca das conquistas dos objetos materiais, sempre perecíveis.

Como acontece em um mundo que oferece máquinas cada vez mais rápidas para um homem que, paradoxalmente, tem cada vez menos tempo. E assim, mesmo dominando os objetos do espaço, o homem sucumbe diante do tempo, aquele que acontece no momento mais precioso e que não por acaso se chama "presente". A OITAVA LEI DA REALIZAÇÃO ensina que a vida só pode ser vivida aqui e agora, onde é possível desfrutar da alegria das coisas mais simples e que trazem a maior felicidade.

A prática do Essencial

Procure doar tudo aquilo que não tem mais utilidade para você. Com isso, é possível experimentar a poderosa libertação que surge com o gesto do desapego e com o compartilhar.

A DETERMINAÇÃO

Nunca desista daquilo em que você realmente acredita.

A força para revelar a luz

Nem sempre conseguimos enxergar a luz que nos espera por trás dos obstáculos. É sempre mais fácil compreender isso depois que a tempestade passa. Por vezes, em meio a grandes desafios, fica muito difícil saber que rumo tomar. Diante da dúvida, as forças podem se esvair e o medo assumir o controle.

Torna-se necessário, então, desenvolver uma importante virtude, para que você não se iluda com seus defeitos aparentes e possa se lembrar do quanto é único e especial. Para desenvolver essa virtude, nos inspiramos em um outro personagem bíblico, o filho de Jacob.

A determinação

José desde pequeno mostrava as qualidades de um líder. Os irmãos, tomados de inveja, o atacaram no deserto e o venderam como escravo. Mas ele não sucumbiu ao sentimento de raiva e ao desejo de vingança. Mesmo mais tarde, quando preso injustamente, não esmoreceu. Manteve-se sempre firme, sereno, aguardando por dias melhores.

E os dias melhores chegaram. Foi quando um faraó teve um estranho sonho, onde via sete vacas gordas seguidas de sete vacas magras, e procurou uma interpretação. Seus magos tentaram, mas não o convenceram. Assim, José, que era um especialista na arte de interpretar sonhos, foi chamado na prisão. Ele previu que haveria uma abundância de sete anos na terra, seguida de uma devastadora seca por igual período. A interpretação encantou o faraó, que, em sinal de gratidão e de reconhecimento, nomeou José governante.

A entrega

Quando José foi chamado para interpretar o sonho, percebeu que este era um momento ímpar em sua trajetória. Ele estava preso havia muitos anos e se falhasse não teria mais qualquer esperança em sua vida. No entanto, José deixou claro que era apenas um instrumento a serviço de Deus, este sim o verdadeiro responsável por seus talentos. E por isso foi bem-sucedido, tornando-se o primeiro grande governante da história.

A NONA LEI da realização ensina sobre o grande diamante desse caminho, uma virtude igualmente rara e preciosa: a determinação. A capacidade de permanecer em seus propósitos, mesmo quando tudo parece dar errado, é uma das grandes chaves do caminho da realização. Como José, se você tem a clareza sobre uma missão a cumprir, será capaz de revelar a luz que se encontra por trás de cada obstáculo que surge em sua vida.

A prática da Determinação

Uma ótima prática para fortalecer a Determinação é anotar em um papel as metas que você gostaria de consolidar em um dado período, por exemplo, 6 meses. Então, futuramente, você poderá ler o que escreveu e avaliar o seu progresso.

A ENTREGA

Você precisa fazer a sua parte, mas as grandes bênçãos só chegam quando as expectativas são abandonadas.

Coloque o foco na Luz

Você tem enfrentado problemas difíceis? Experimente colocar o foco de sua atenção no que lhe é positivo, no que lhe faz bem, e você se surpreenderá ao constatar que sua vida se tornará muito melhor. Lembre-se de que você está onde estão os seus pensamentos. Esse é um princípio simples, porém valioso, que ilustra claramente o quanto o foco de nossos pensamentos define a realidade em que vivemos.

Existem pessoas que passam os dias esperando aparecer um motivo para se chatearem. Qualquer mínimo motivo é suficiente para desencadear um processo de sofrimento. Às vezes, basta um parente falar de maneira um pouco menos calorosa e pronto: seu dia está estragado. Outras pessoas, no entanto, estão sempre procurando um motivo para se alegrarem. Mesmo uma pequena piada já é suficiente para deixá-las muito felizes.

O chamado

Muitos são os que desistem diante de obstáculos substancialmente menores do que aqueles enfrentados por José. Mas, por ter escutado um chamado para a vida, José não sucumbiu. Como ele, nós também recebemos diversos chamados durante a nossa vida, mas, muitas vezes, em meio ao excesso de ocupação, deixamos de escutá-los. Você já escutou o seu?

Escutar o chamado significa deixar de adiar para o dia seguinte. Passar a celebrar a vida com intensidade, dedicar-se ao essencial, manter-se firme diante das dificuldades temporárias e jamais se deixar contaminar pelos sentimentos negativos. Entregando suas mais profundas questões à luz do mundo infinito, você encontrará o mais precioso tesouro que existe: sua imagem e semelhança com o Criador.

Rumo a uma nova dimensão

Quando você percebe que sintoniza todos os acontecimentos de sua vida, uma nova possibilidade se abre. Então, em vez de vítima você se descobre roteirista de seu próprio destino. Torna-se possível criar uma nova sintonia com o universo e ingressar em uma nova dimensão de existência.

Ao experimentar a ÚLTIMA LEI da realização, você entra em uma nova dimensão. Aqui, torna-se desnecessária a comparação com o próximo, porque finalmente você descobre o quanto possui um papel que é único e só seu. É verdade que existem bilhões de seres humanos espalhados pelo planeta, mas nenhum deles é igual a você. Deus o fez único, insubstituível, e deseja muito que você siga rumo à realização de sua missão.

A prática da Entrega

Por vezes acreditamos que temos algum poder nesta vida, mas essa é tão somente uma ilusão, porque se trata de uma força emprestada. Por isso, procure, sempre que possível, de preferência pela manhã, ler em voz alta a breve oração que se encontra na última página deste livro. Tal prática vai reforçar a assimilação de todos esses conceitos e aproximá-lo, passo a passo, de algo muito gratificante.

CONSIDERAÇÕES FINAIS

Este livro fala sobre uma nova possibilidade de existência. No entanto, essa nova forma de viver não segue o pensamento comum, aquele que predomina nos jornais e telejornais. Para se chegar a um resultado efetivo, um treinamento é necessário. Por isso, procure ler *As dez leis da realização* muitas vezes, experimentando, sempre que possível, as práticas oferecidas.

Faça isso e você descobrirá que a maior parte do sofrimento humano é desnecessária, fruto apenas de uma mente dominada por marcas do passado ou por expectativas com relação ao futuro. Mas a dimensão da realização está sempre à nossa espera. Ela acontece no momento em que escutamos o chamado e passamos a dizer "sim" à vida.

Ian Mecler
Ian@mecler.com.br
www.portaldacabala.com.br

ORAÇÃO DA REALIZAÇÃO

Agradeço por este novo dia, pelos pequenos e grandes dons que colocaste em nosso caminho a cada instante desta jornada. Agradeço por descobrir que dar e receber são na verdade uma mesma coisa.

Agradeço até mesmo pelas dificuldades do caminho, porque sei que por trás de cada obstáculo há grande Luz a ser revelada.

Que Deus me ajude a ampliar minha visão e a perceber que minha realidade é fruto do foco de meus pensamentos. Assim, poderei lembrar que vejo o mundo e as pessoas não como elas são, mas como eu sou.

É minha decisão, a partir de agora, colocar o foco naquilo que é construtivo, e para tal me determino a plantar as mais positivas sementes.

Peço força para desenvolver a virtude do desapego, para que possa lembrar que nada de material nos restará quando deixarmos este mundo físico.

É com humildade que abandono agora minhas expectativas, porque sei que meu poder é ilusório. A força que guia minha vida vem de um lugar único, maravilhoso e muito acima do meu controle. Guiado por essa força, jamais desistirei daquilo em que realmente acredito, da minha missão de levar Luz ao mundo e aos que me cercam.

Este livro foi composto na tipologia
Minion Pro Regular, em corpo 12/15,
e impresso em papel off-set 70g/m² pela Yangraf.